Tartaruga

libro da colorare

Coloring Pages for Kids

Coloring Pages for Kids
An imprint of Ciparum LLC

Tartaruga libro da colorare

ISBN-10:1-63589-528-6
ISBN-13:978-1-63589-528-5

Coloring Pages for Kids

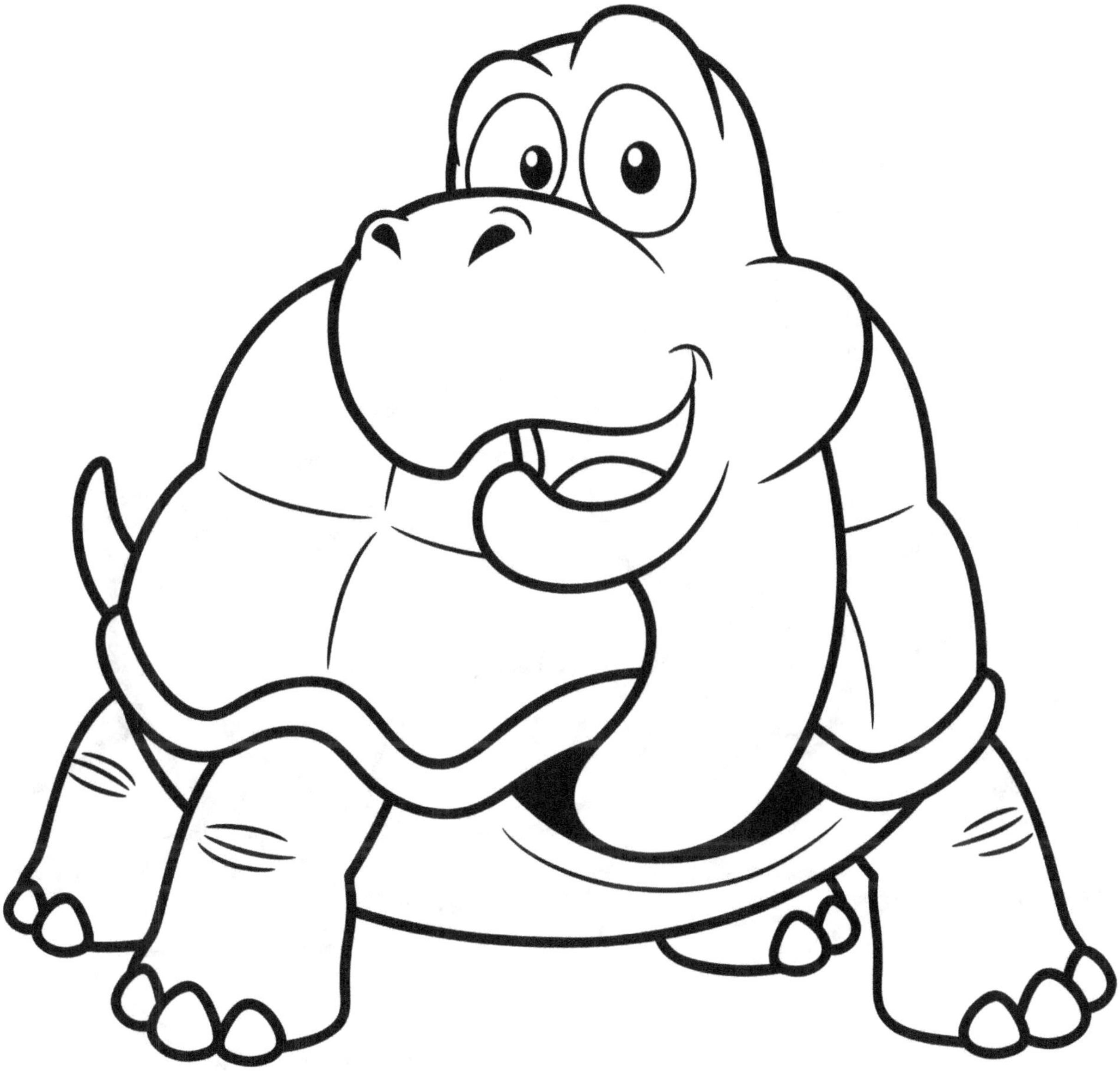

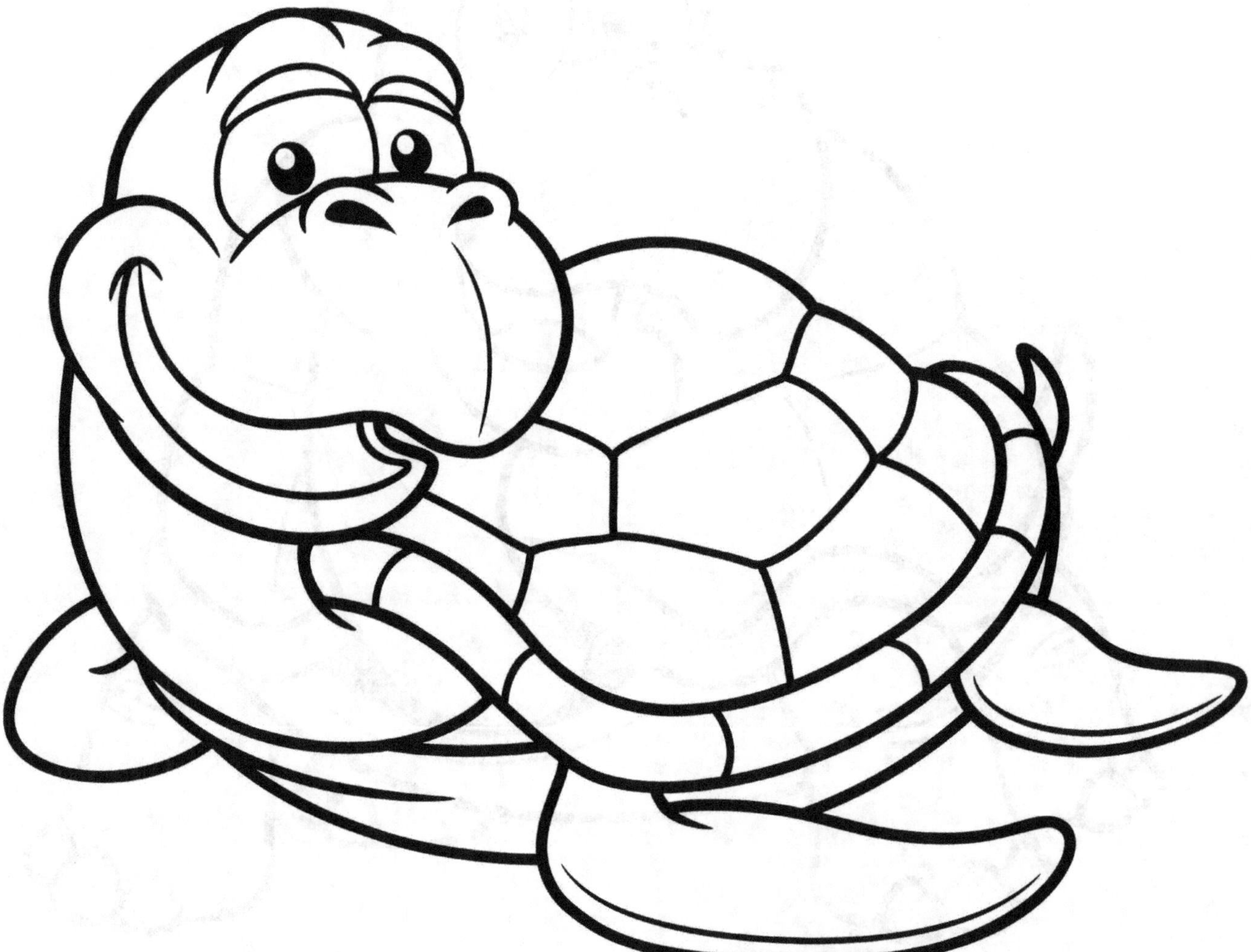

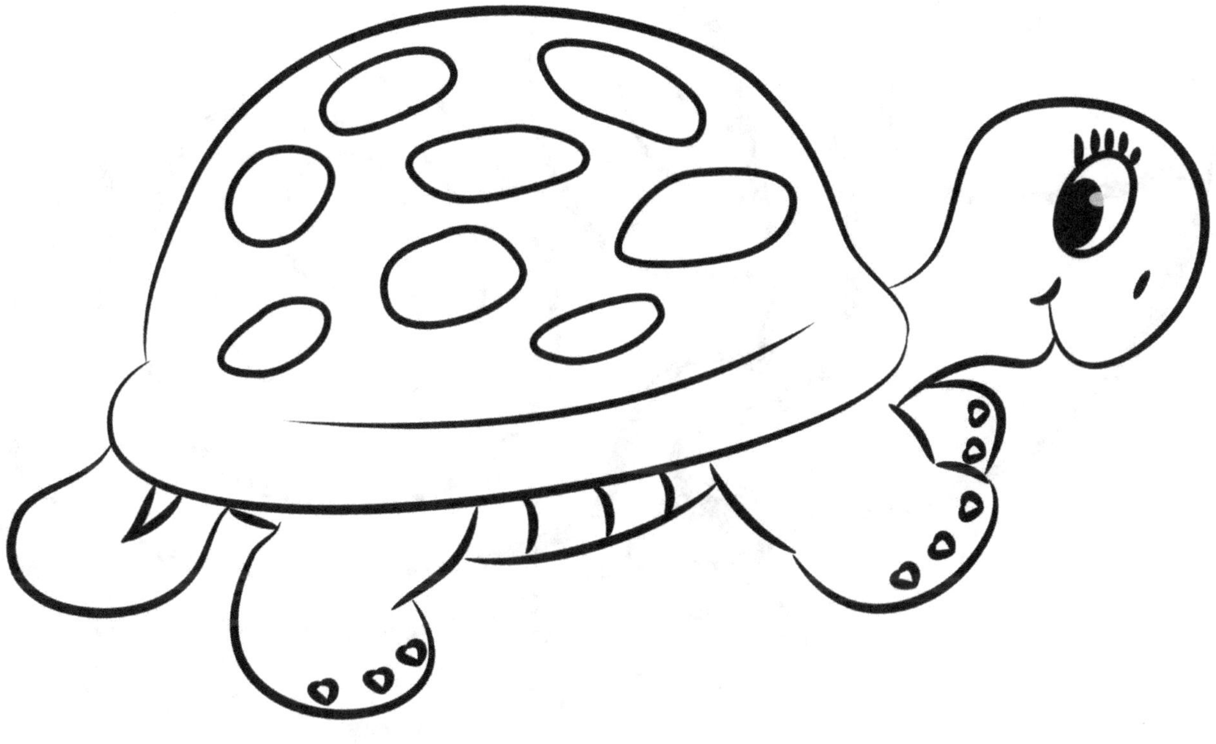

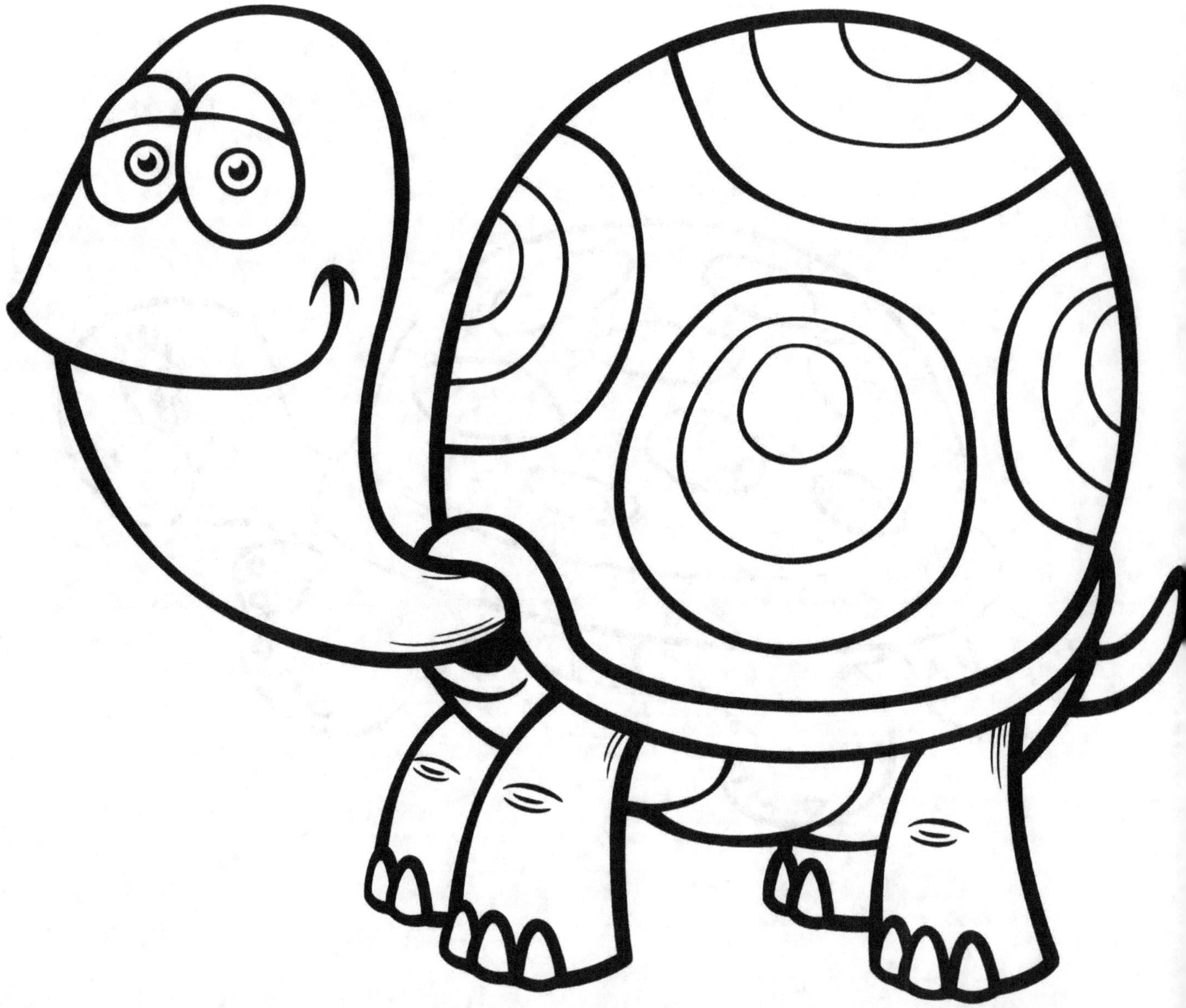

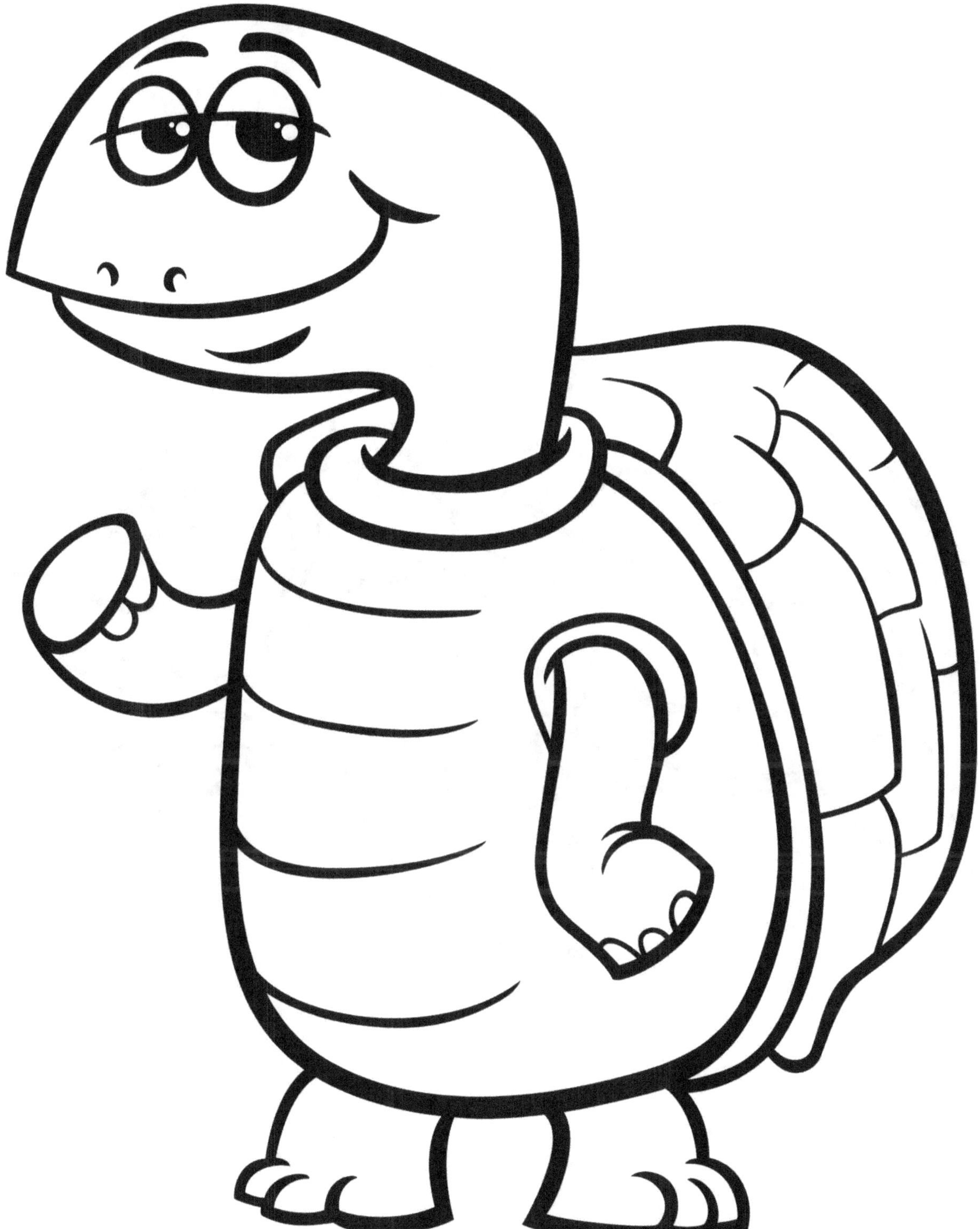

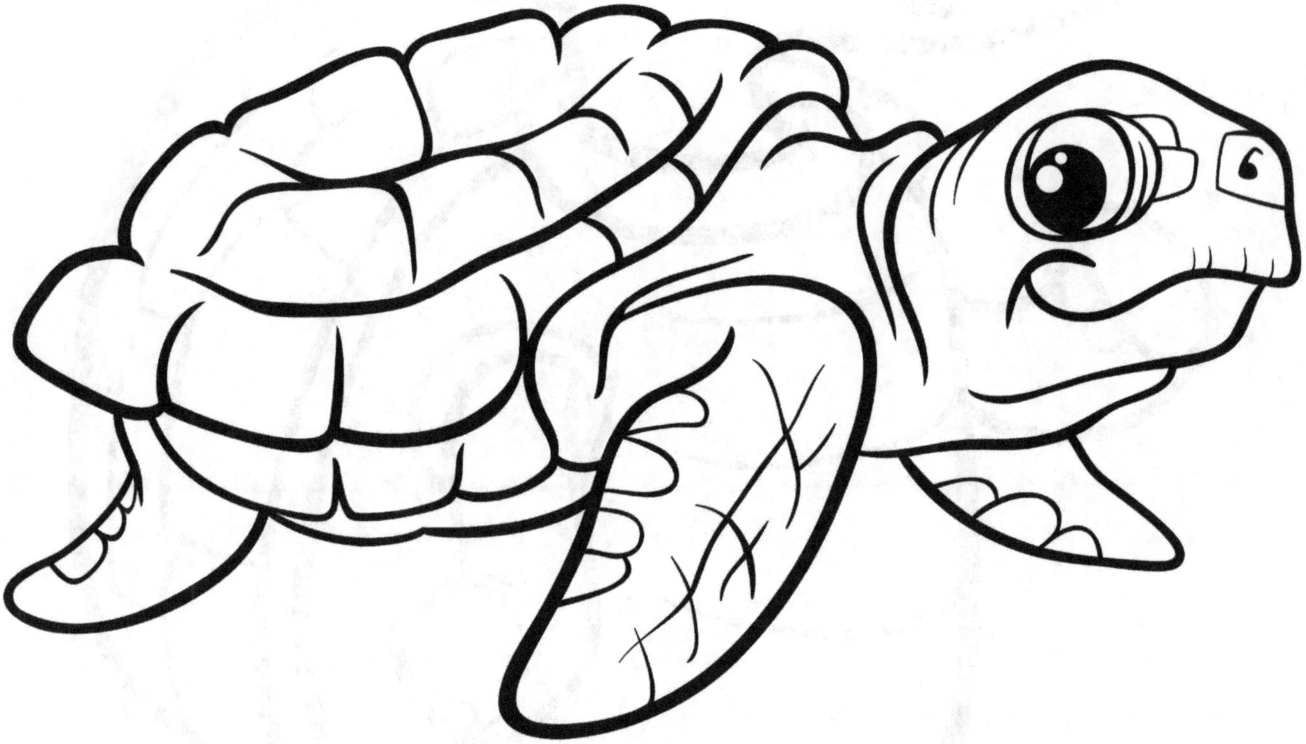

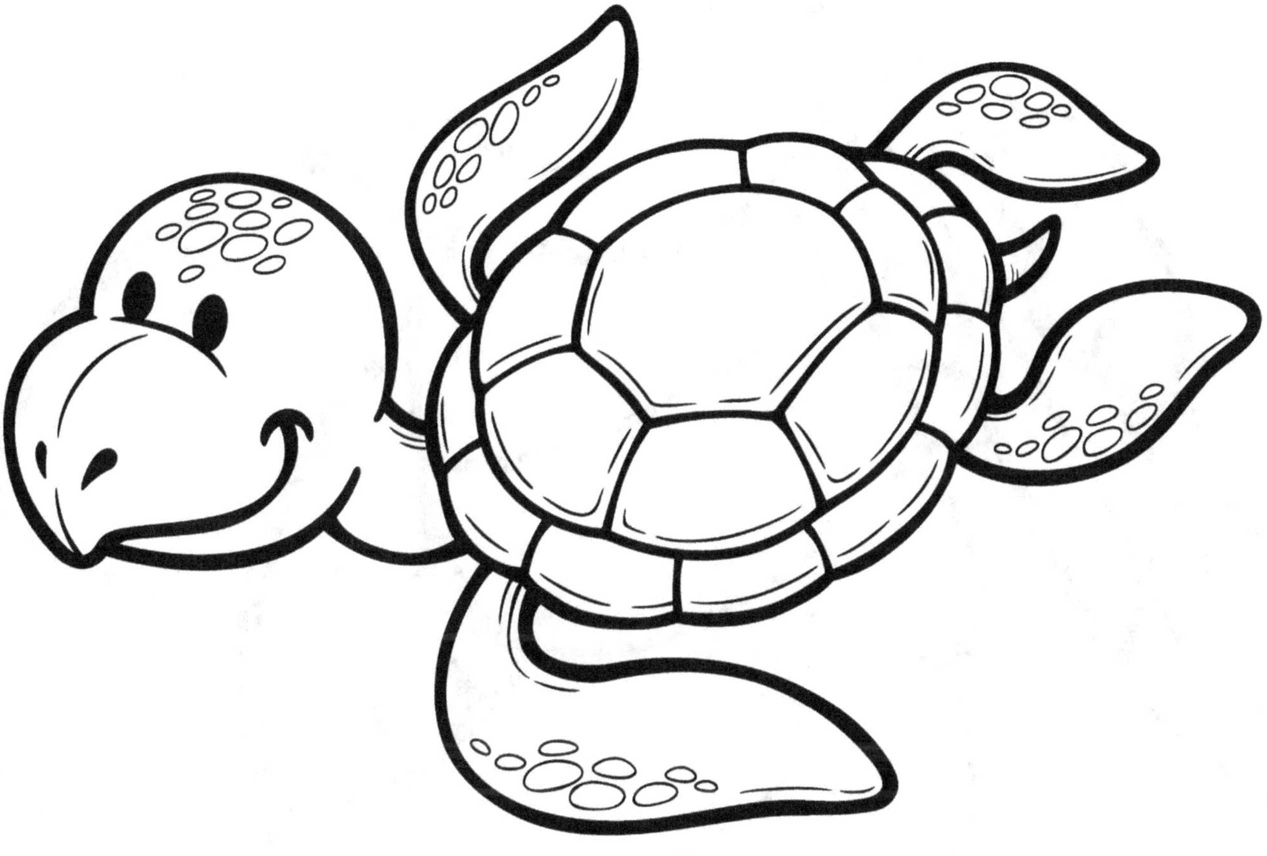

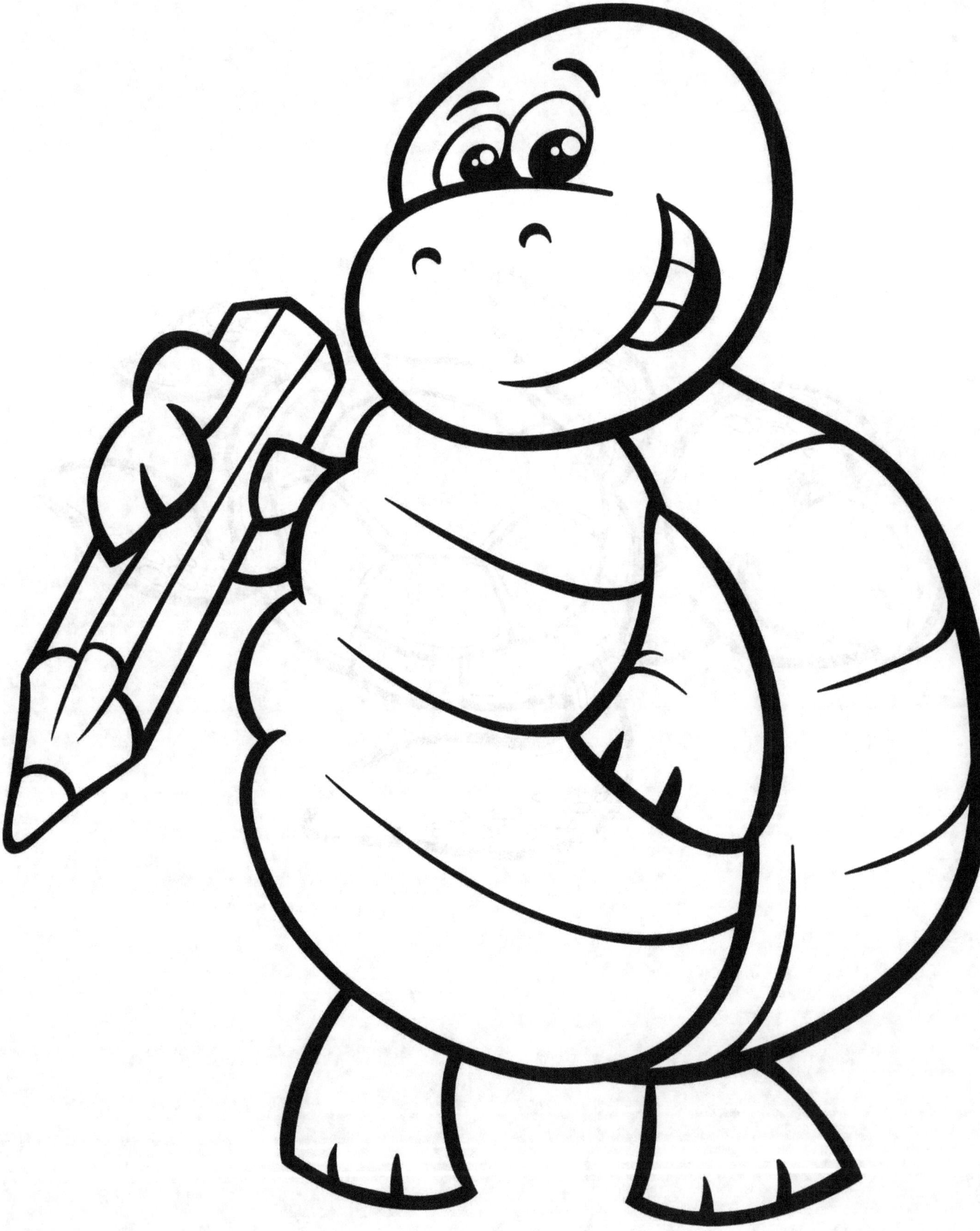

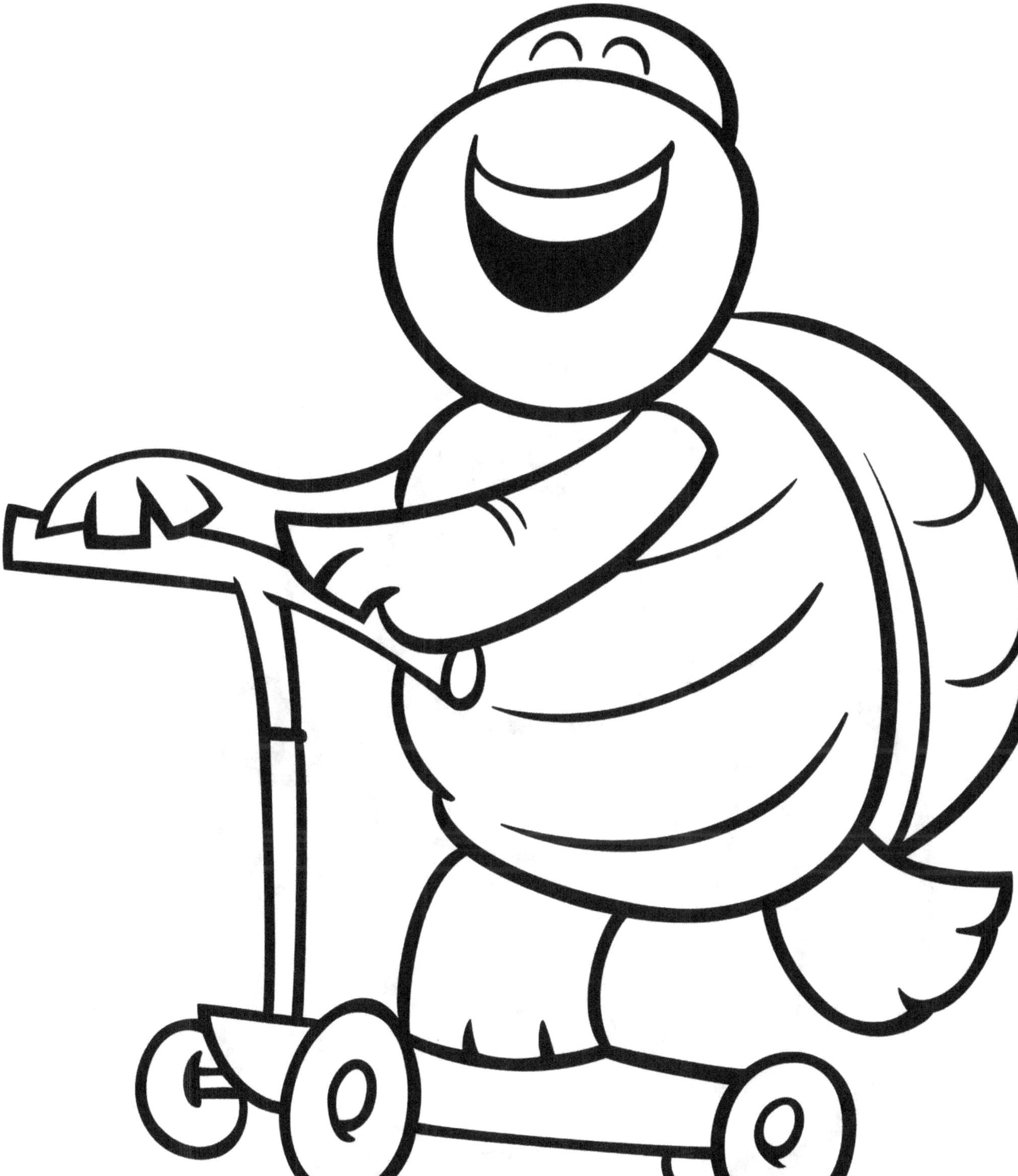

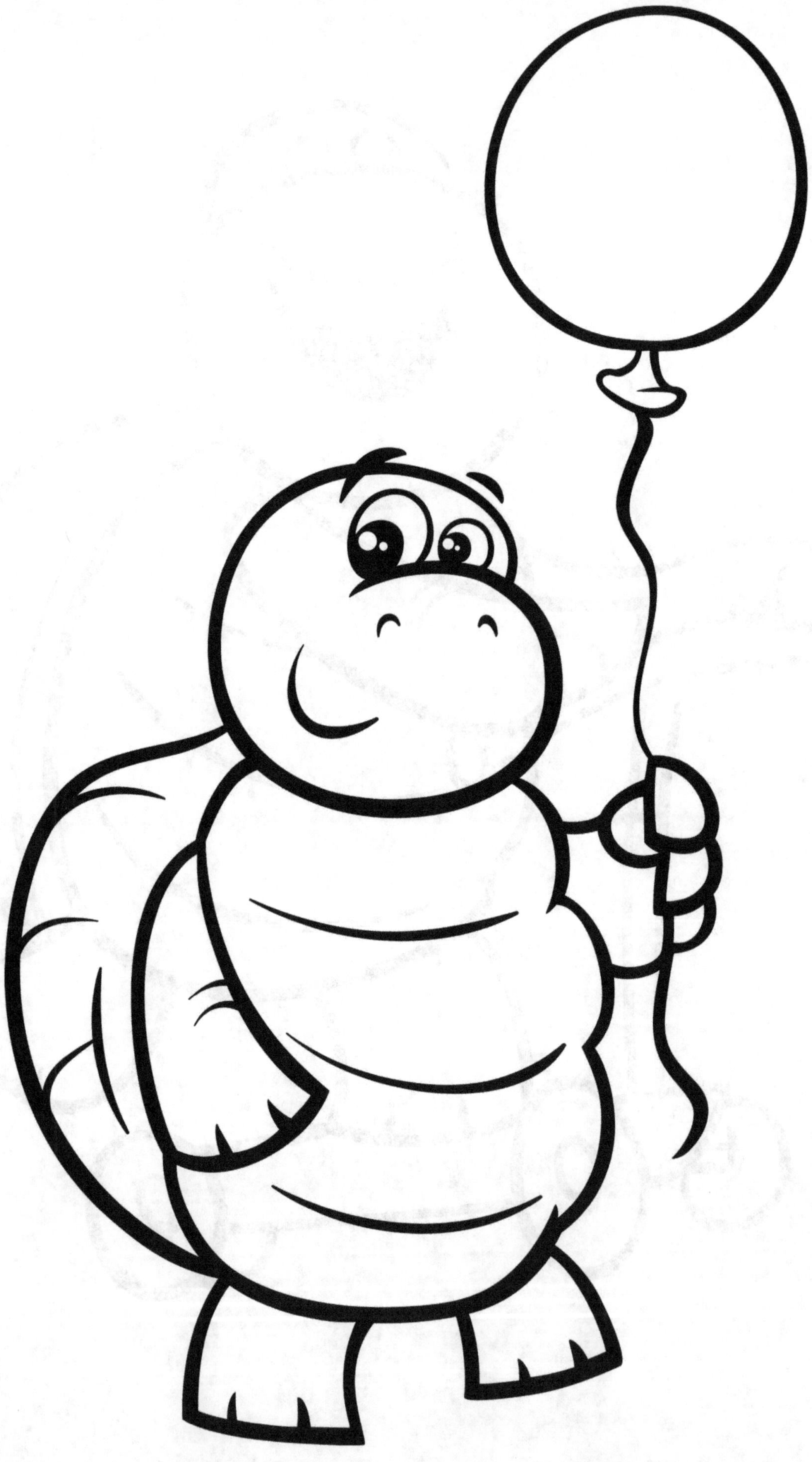

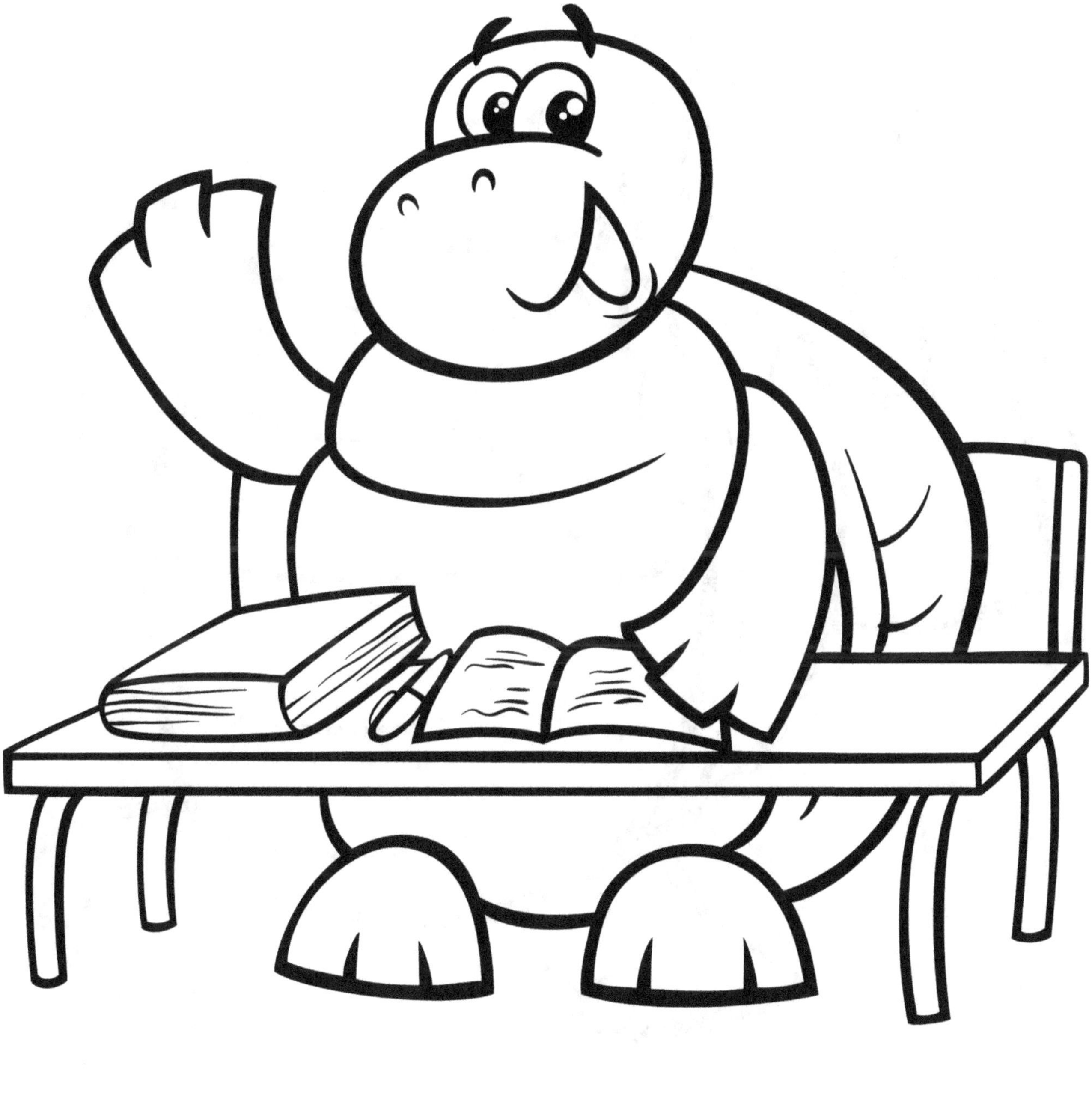

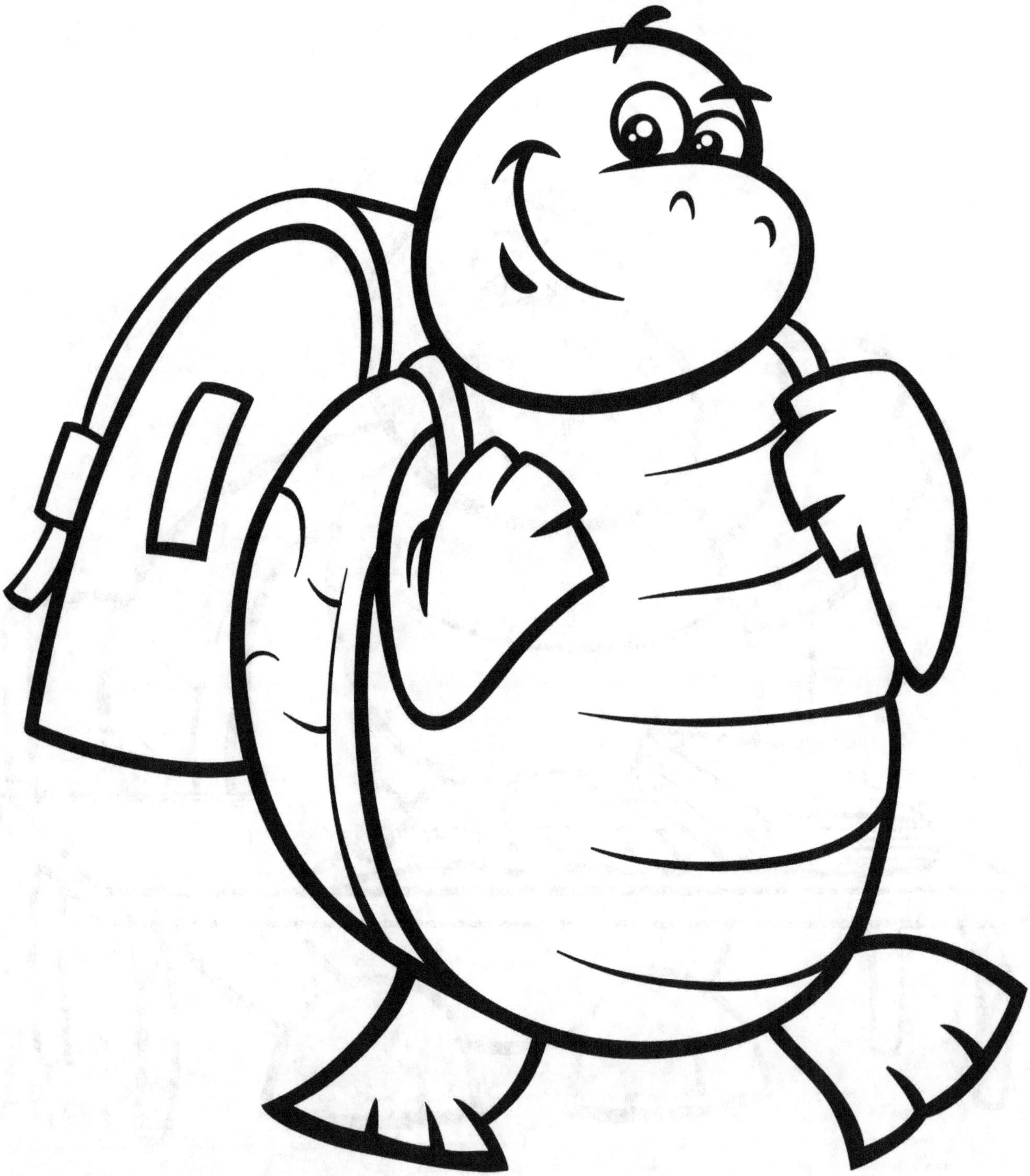

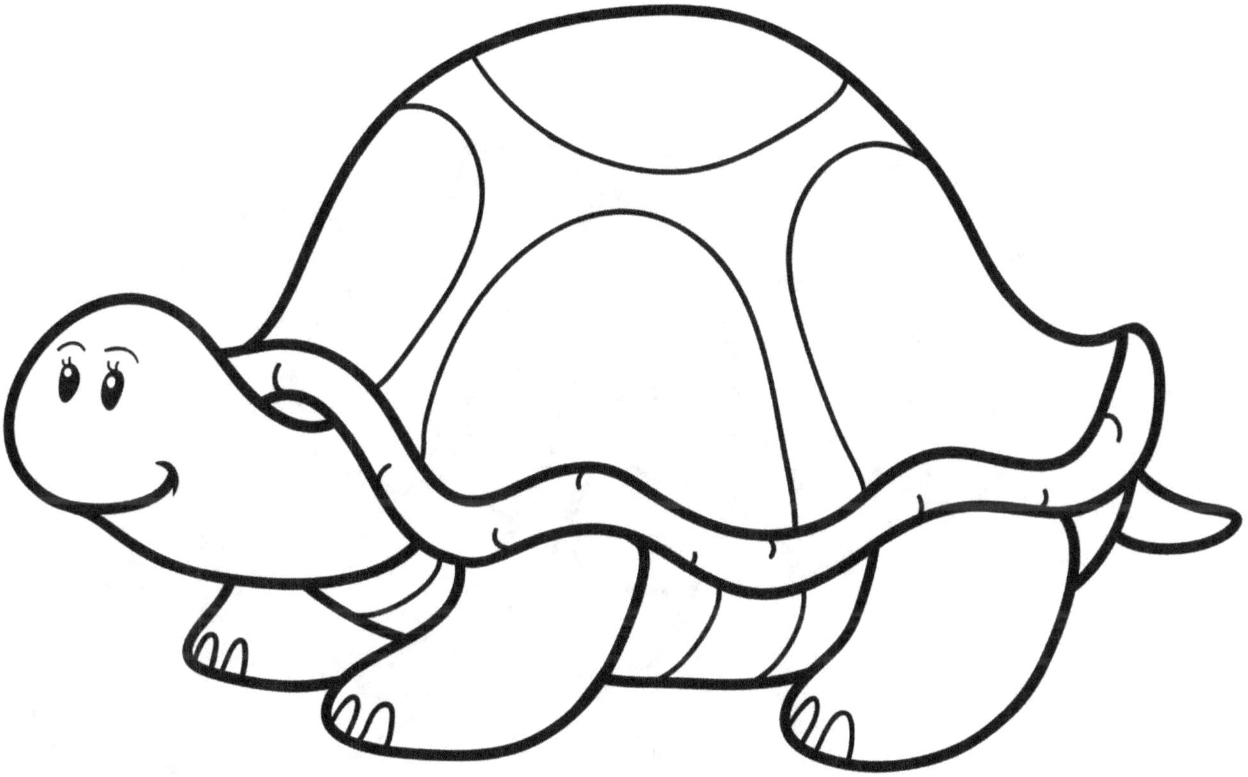

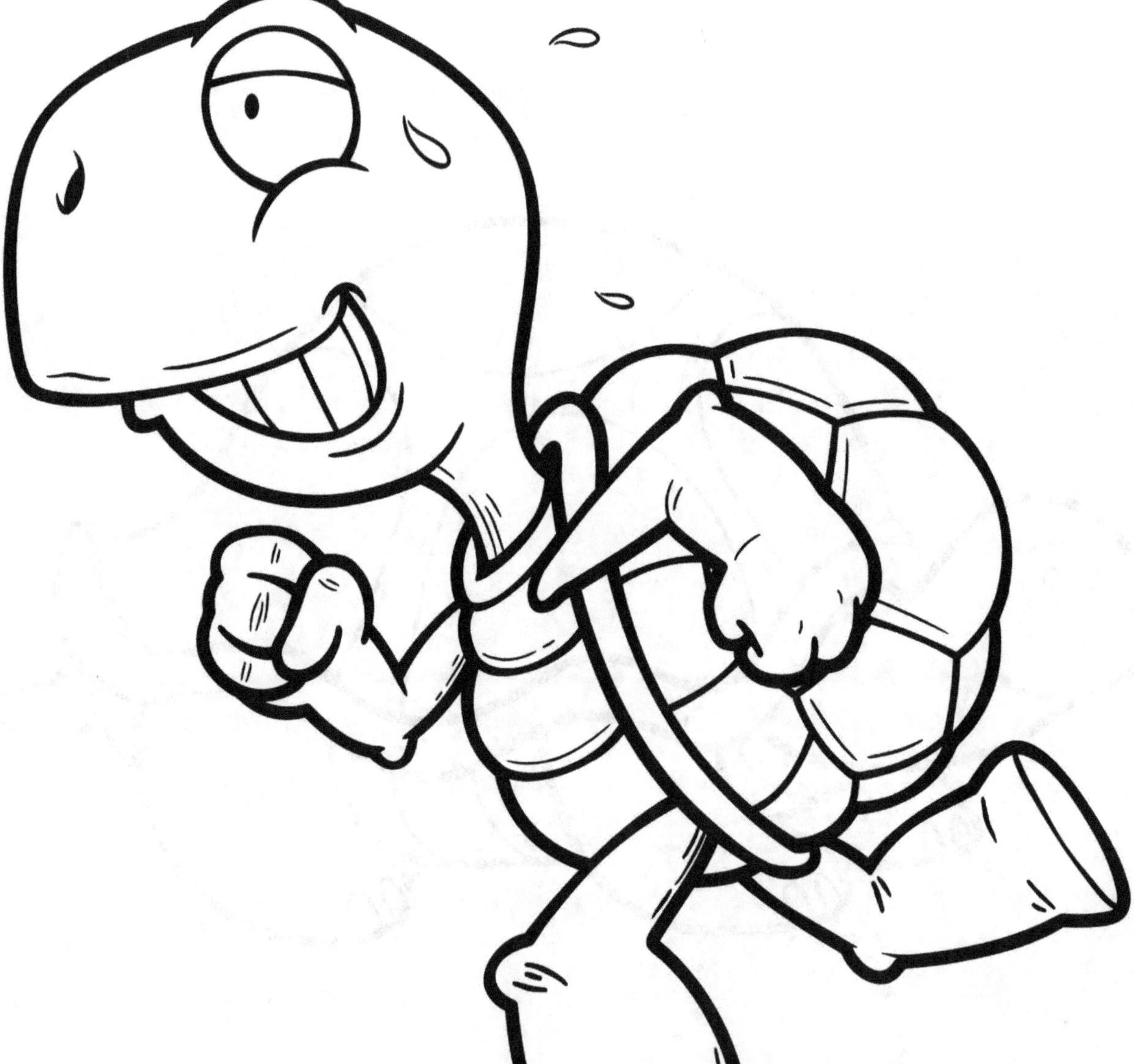

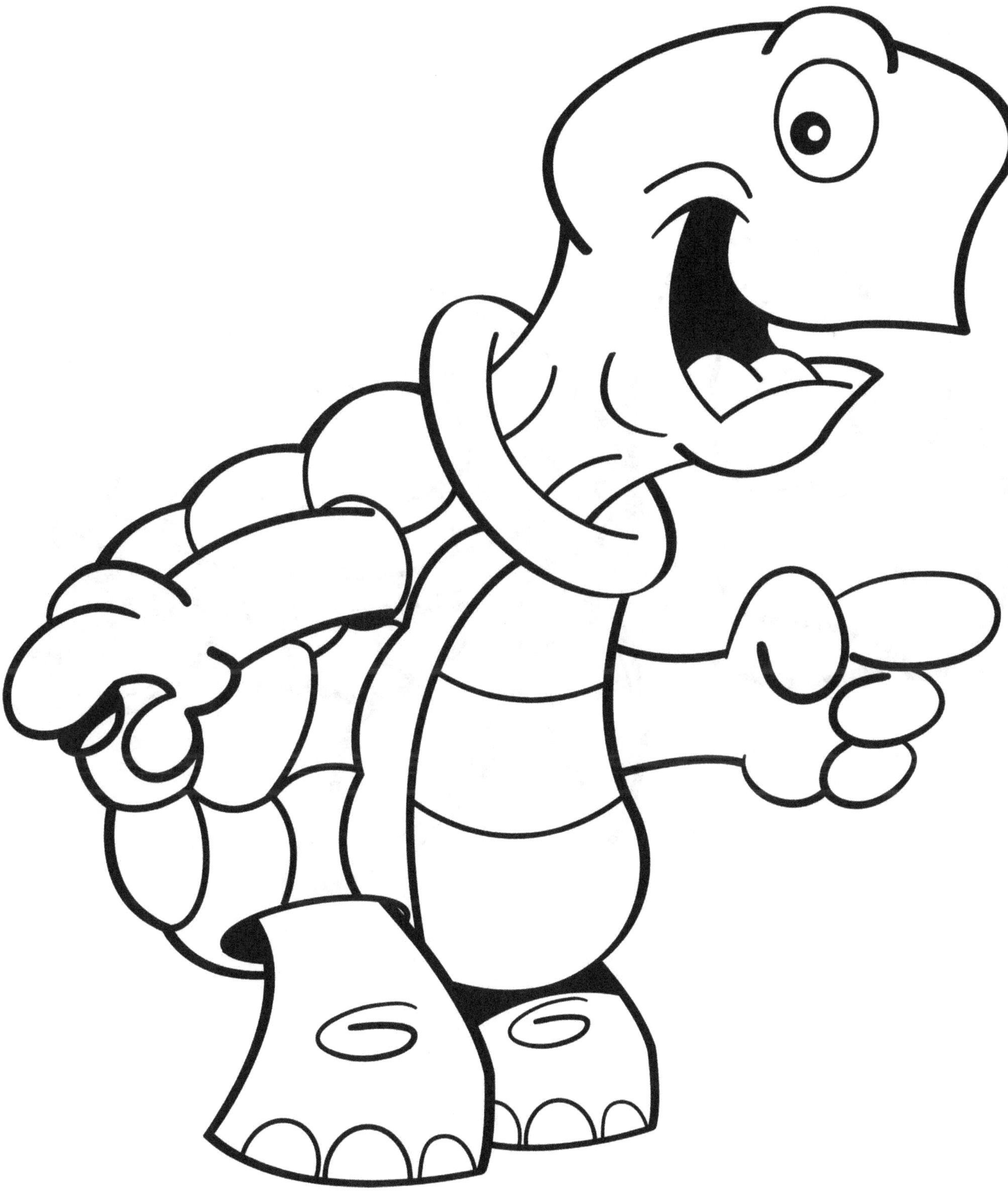

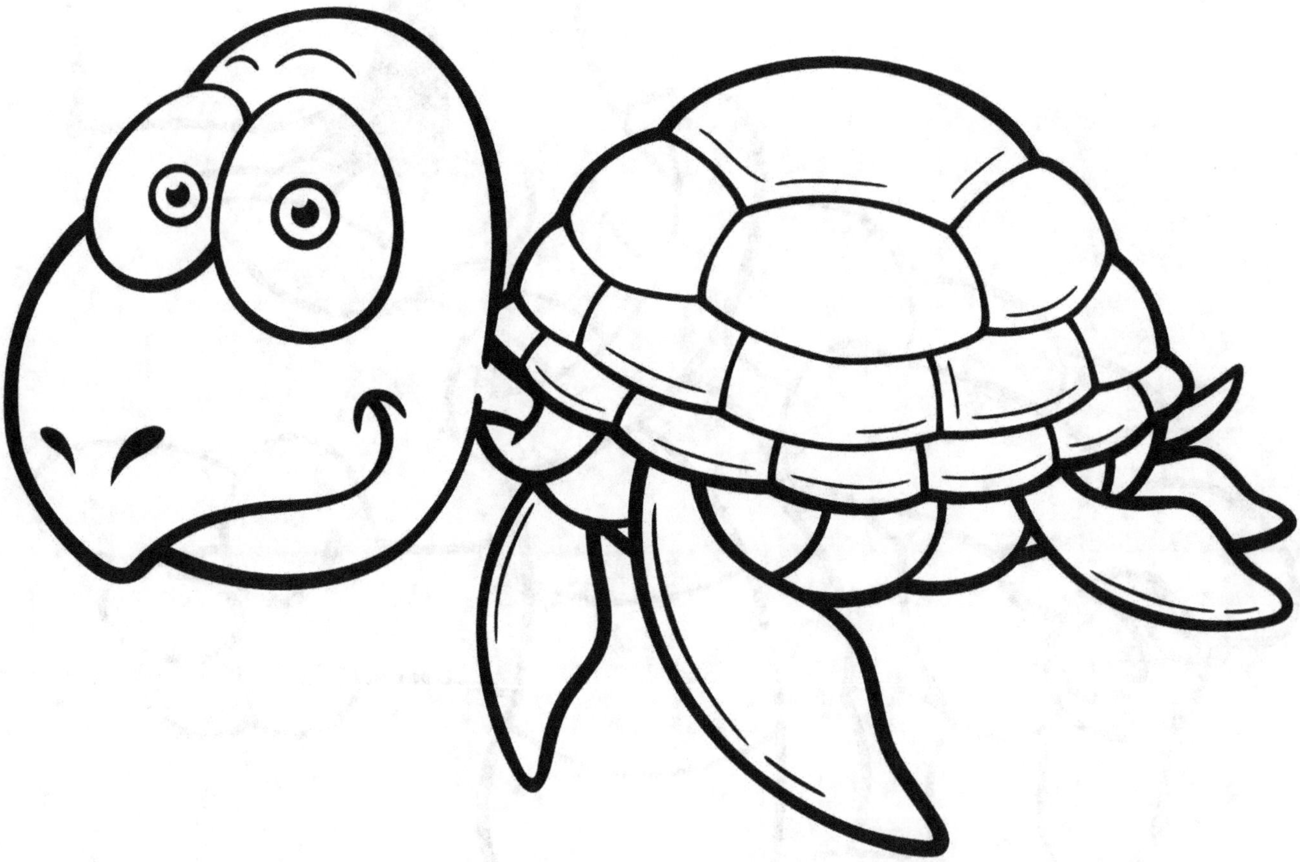

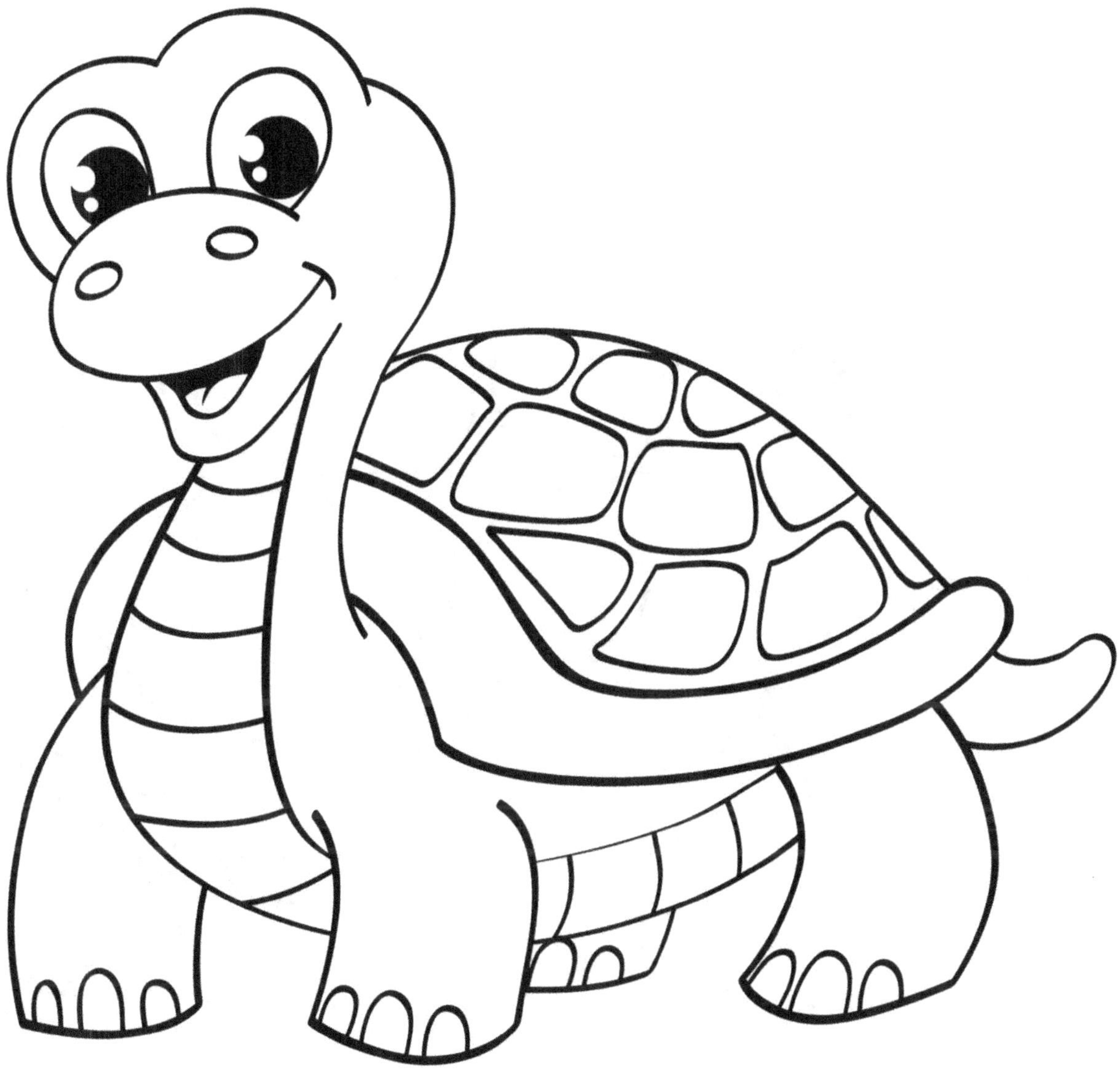

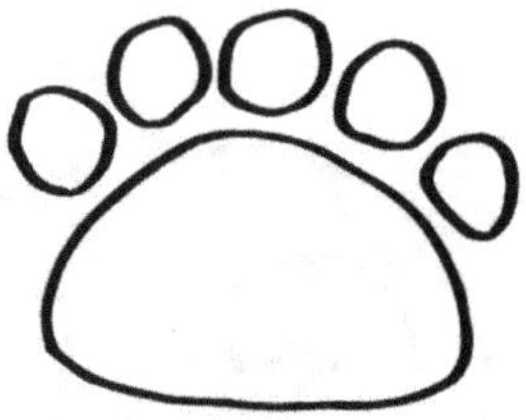

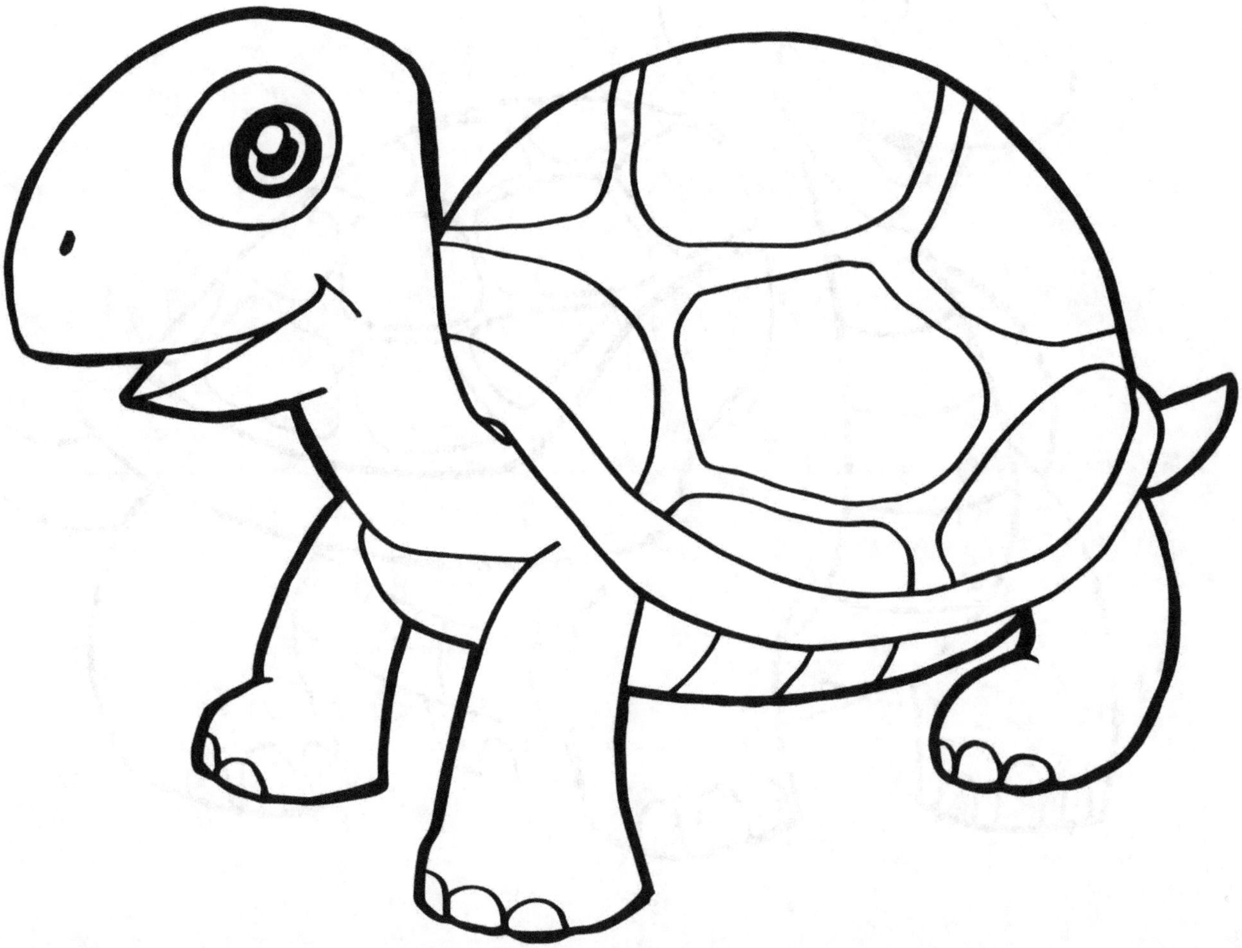

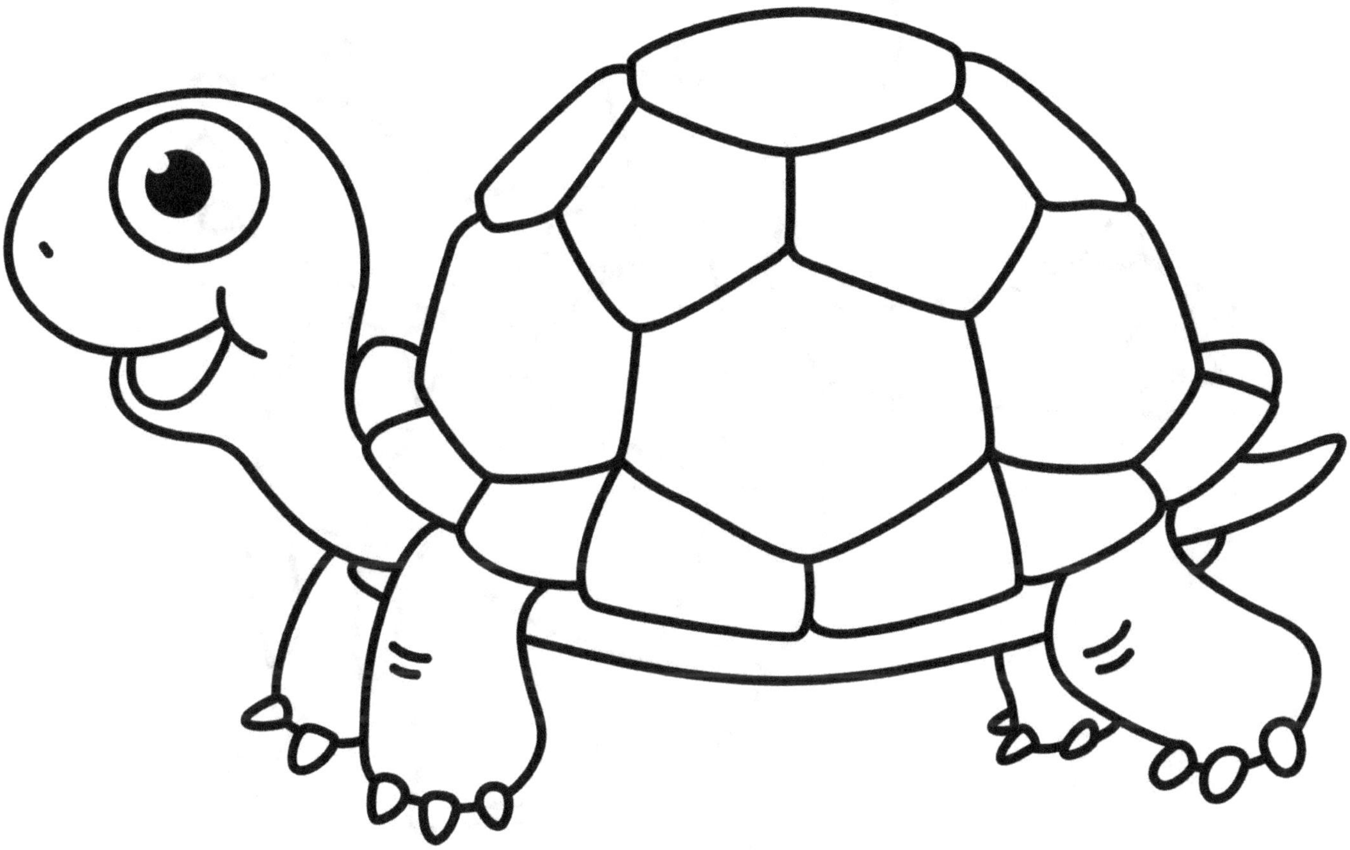

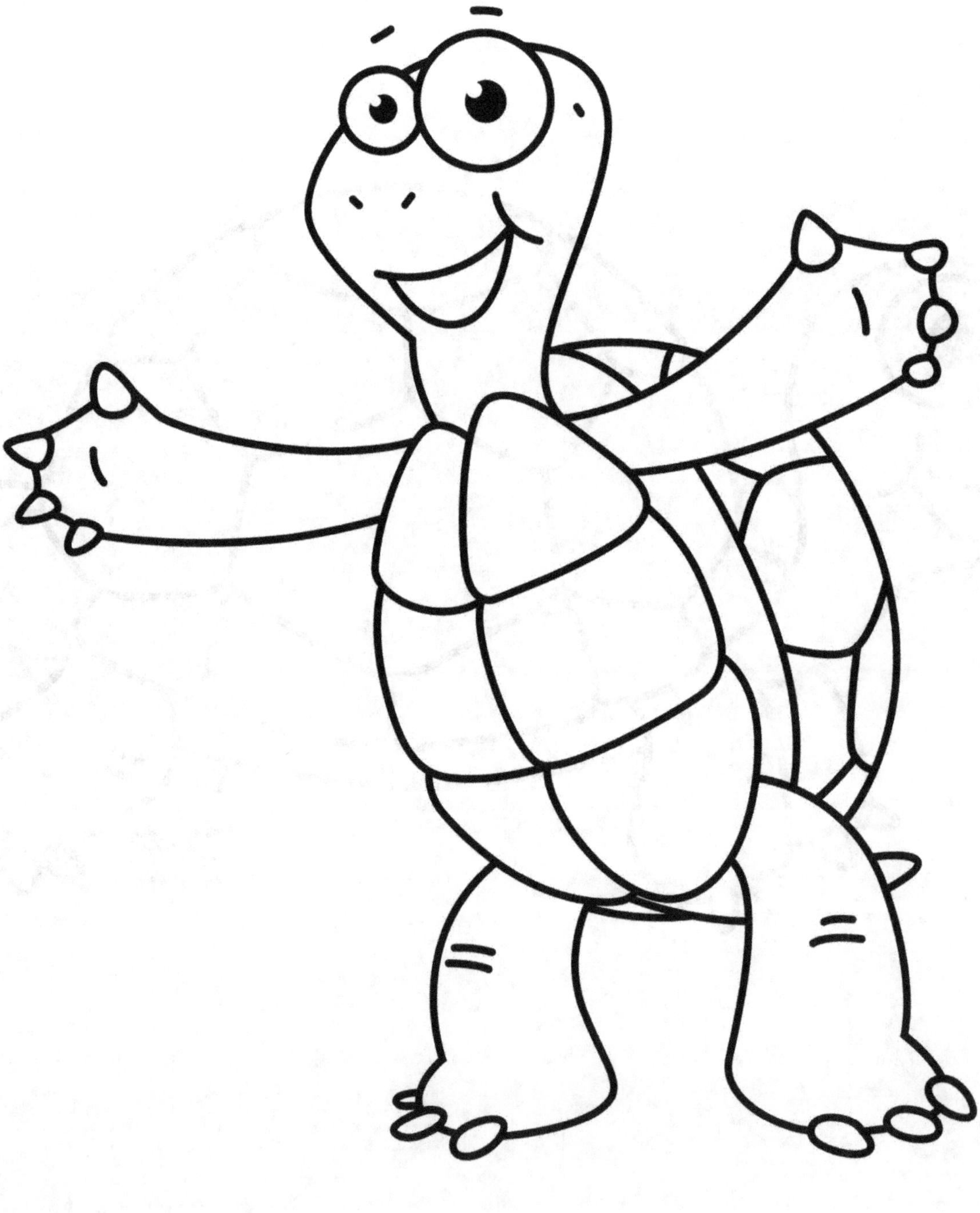

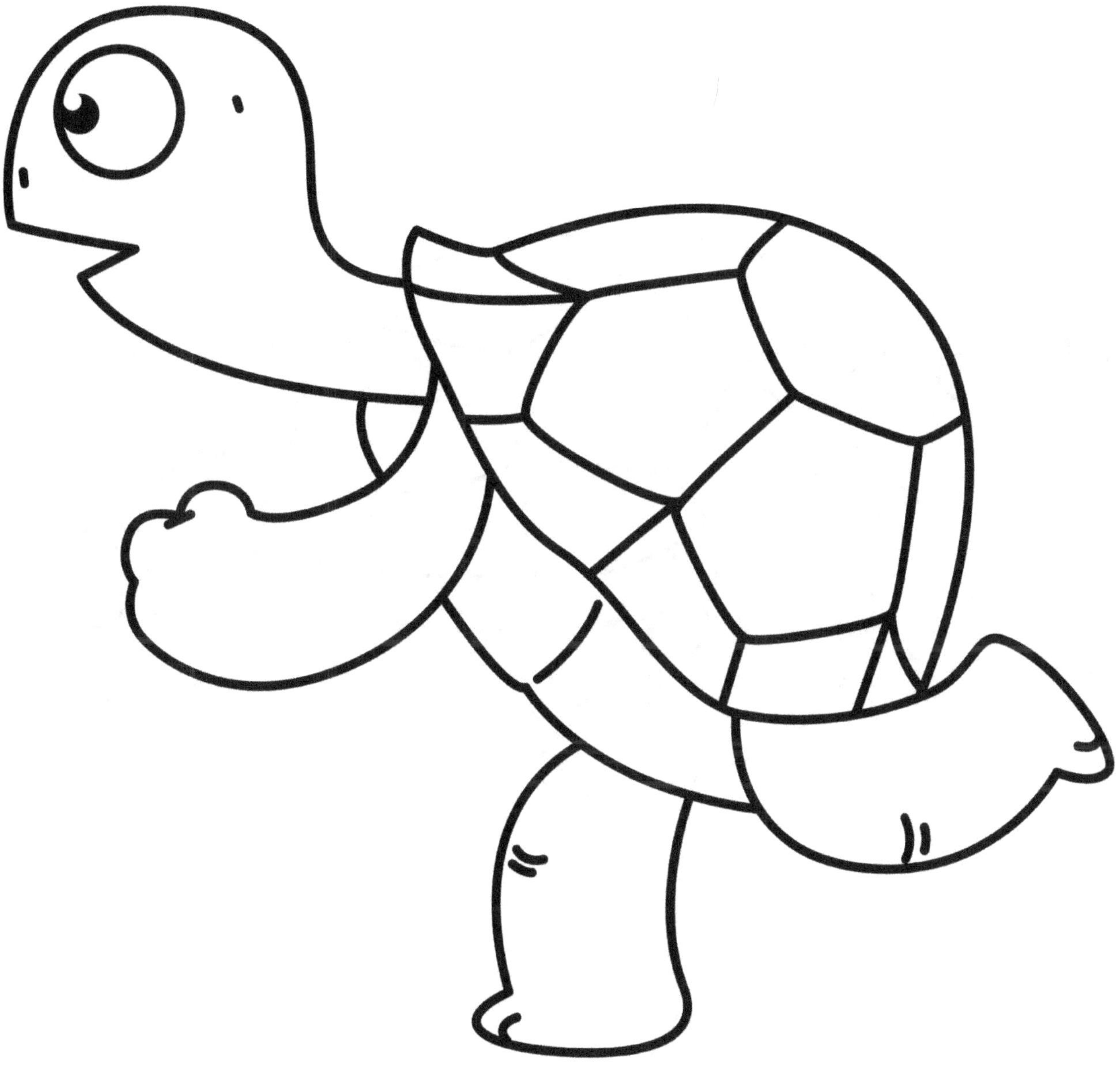

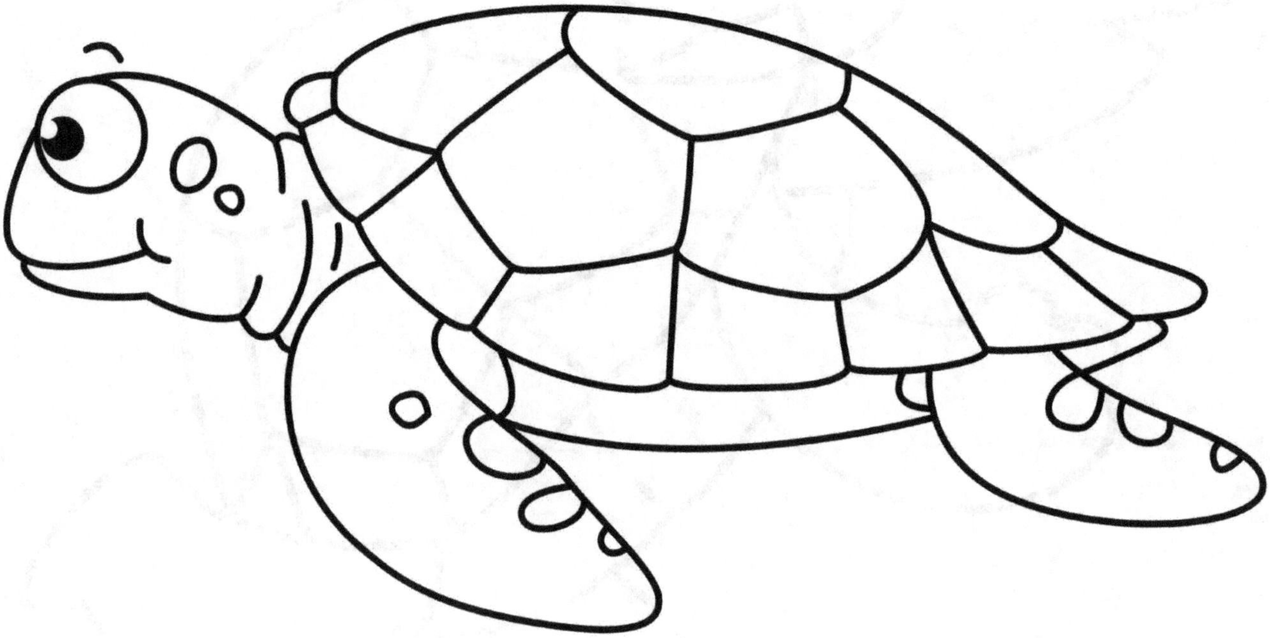

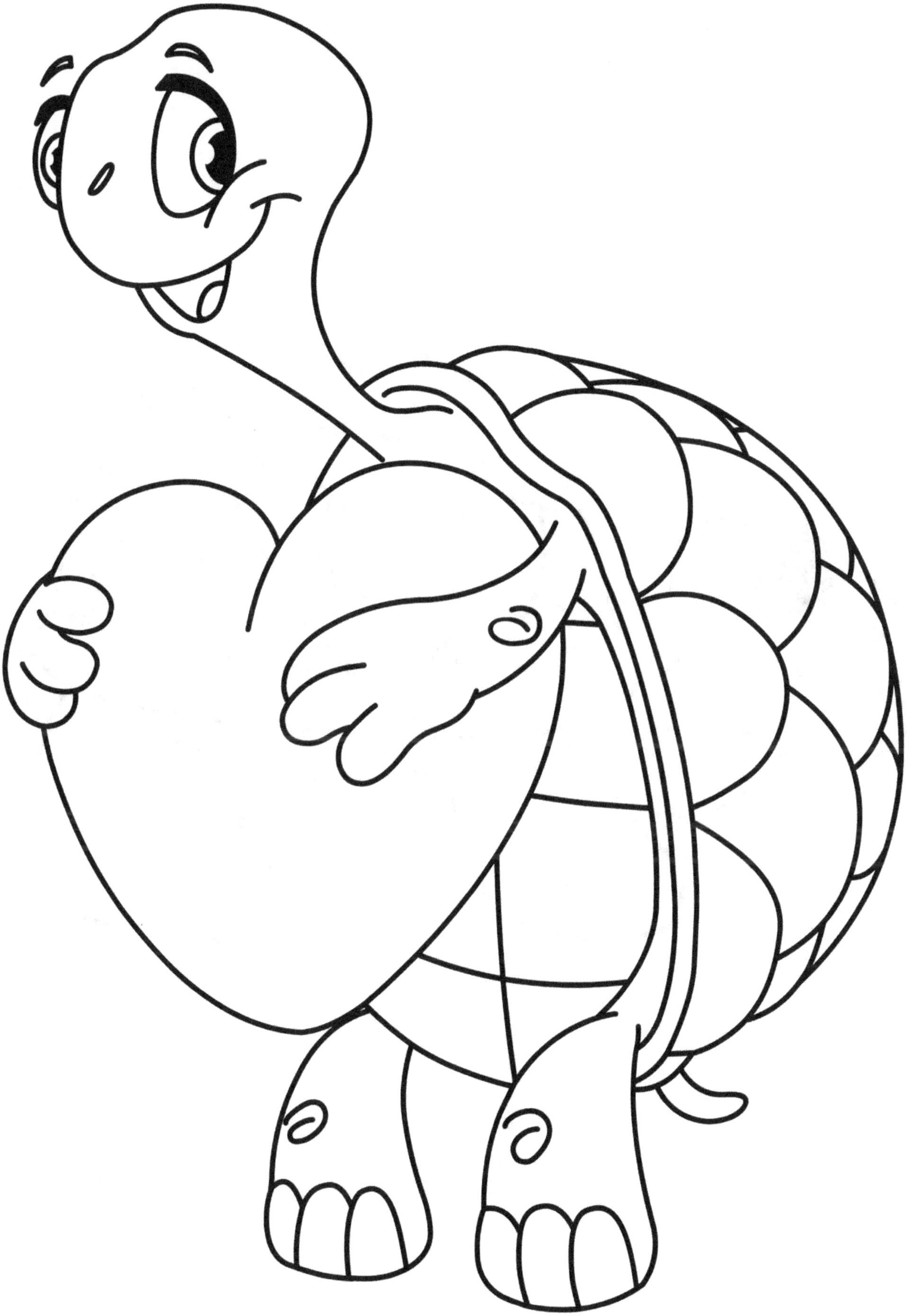

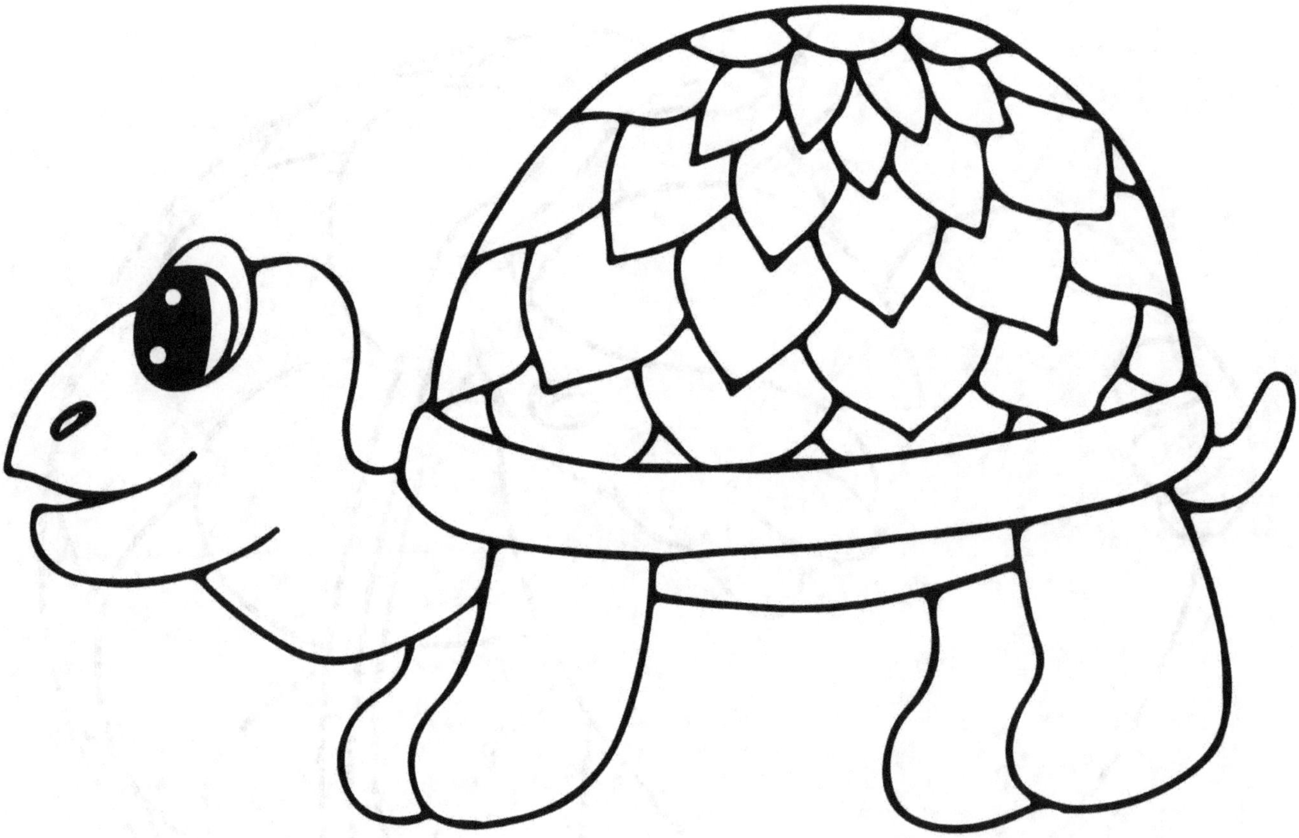

www.ingramcontent.com/pod-product-compliance
Lightning Source LLC
Chambersburg PA
CBHW082243060726
47598CB00016B/2765